Zweite Auflage 1979.

© 1977 Grisewood and Dempsey Ltd, London.
Alle deutschen Rechte bei Delphin Verlag GmbH,
Stuttgart und Zürich, 1977.
ISBN 3.7735.5007.3
Printed in Italy by
Vallardi Industrie Grafiche, Mailand.

Jedes Ding hat seinen Namen

Ein zweisprachiges
Bildwörterbuch für Kinder
deutsch/englisch

Text von Deborah Manley
Bilder von Moira und Colin Maclean
und Kailer-Lowndes
Deutsch von Katrin Behrend

DELPHIN VERLAG

Inhalt

8 Berg und Tal, Wüste und Dschungel

18 Viele bunte Kleider

28 Merkwürdige Tiere

10 Regen, Wind, Sonne

20 Ganz verschiedene Tiere

30 Unsere Hundefreunde

12 Frühling, Sommer, Herbst und Winter

22 So wohnen die Tiere

32 Tiere bei der Arbeit

14 Ein Dach über dem Kopf

24 Kunterbunte Vogelwelt

34 Unten im Meer

16 Stein auf Stein

26 Kleine Wunder

36 Boote und Schiffe

38 Ein großer Dampfer

40 Oben in der Luft

42 Von einem Ort zum andern

44 So wachsen die Pflanzen

46 Samen, Knospen, Früchte

48 Nützliche Pflanzen

50 Was tun die Bauern?

52 Essen, Trinken, Futter und Beute

54 Aus aller Welt frisch auf den Tisch

56 So arbeitet der Körper

58 Töne und Geräusche

60 Weißt du das?

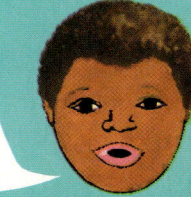
61 Bilder-Quiz

Berg und Tal, Wüste und Dschungel

In der Wüste ist es sehr heiß und trocken.

In Flußtälern ist der Boden meistens gut.

Im Gebirge ist es oft ziemlich kalt.

Auf dem flachen Land gibt es große Bauernhöfe.

In heißen, feuchten Ländern gibt es dichte Dschungel.

In ganz kalten Ländern liegt ewiger Schnee.

Regen, Wind, Sonne

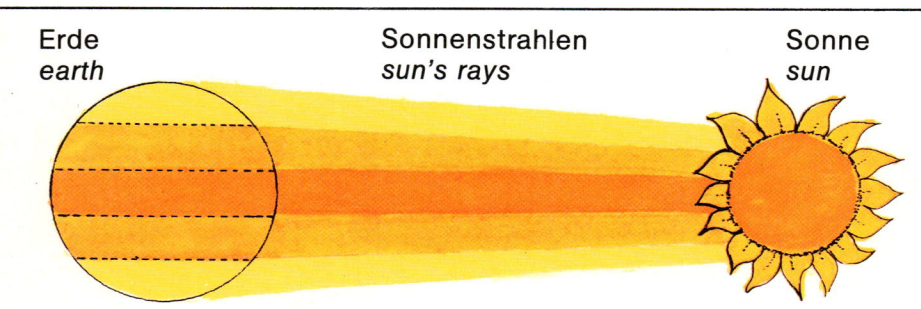

Die Sonne scheint aus unendlicher Ferne auf unsere Erde.

Wo die Sonne am meisten scheint, ist es am heißesten.
Wo die Sonne am wenigsten scheint, ist es am kältesten.

Das Wetter, das in einer Gegend während eines Jahres meistens herrscht, wird KLIMA genannt.

In hoch gelegenen Gebieten ist es kälter als in tief gelegenen.

In einigen Teilen der Erde gibt es vier verschiedene Jahreszeiten.

Warum regnet es?

Die Sonne erwärmt das Wasser. Es verdunstet und steigt in die Höhe.

Der Wasserdampf kühlt ab, und es entstehen Wolken.

Die Wolken sind übervoll, und das Wasser fällt als Regen nieder.

Das Regenwasser fließt ins Meer zurück.

Wie stark weht der Wind? Man mißt Windstärke 0 bis 7.

0: Rauch steigt gerade auf.
1: Rauch verweht.
2: Blätter rascheln.
3: Fahnen flattern.
4: Zweige bewegen sich.
5: Junge Bäume schwanken.
6: Äste schlagen.
7: Bäume biegen sich.

Die Instrumente, mit denen das Wetter gemessen wird

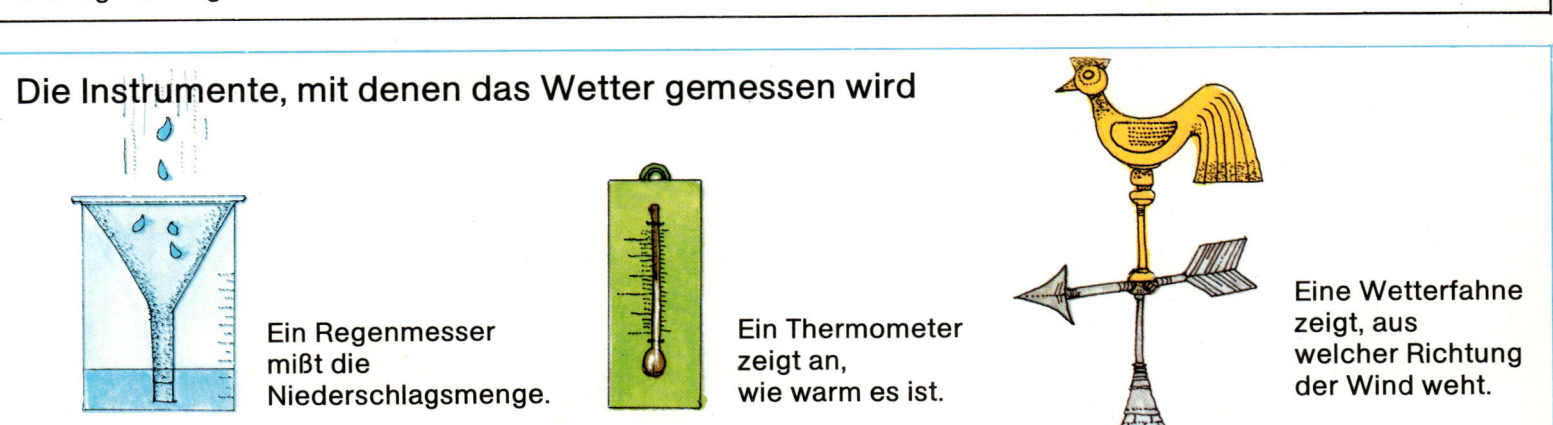

Ein Regenmesser mißt die Niederschlagsmenge.

Ein Thermometer zeigt an, wie warm es ist.

Eine Wetterfahne zeigt, aus welcher Richtung der Wind weht.

Frühling, Sommer, Herbst und Winter

Wie entstehen Tag und Nacht?

Die Erde ist eine Kugel, die sich um die Sonne dreht. Bei ihrer Wanderung dreht sie sich gleichzeitig um sich selbst.

Auf der der Sonne zugewandten Seite ist es Tag.
Auf der der Sonne abgewandten Seite ist es Nacht.

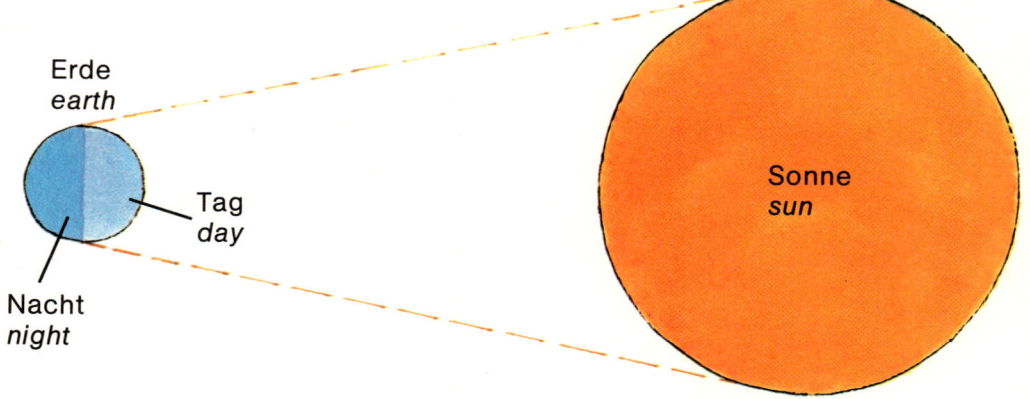

Erde *earth*
Tag *day*
Nacht *night*
Sonne *sun*

Das Jahr besteht aus 12 Monaten.   Es gibt vier Jahreszeiten.

| Januar – *January* | Februar – *February* | März – *March* |
| Juli – *July* | August – *August* | September – *September* |

Laß es selbst Tag und Nacht werden!
Du brauchst:

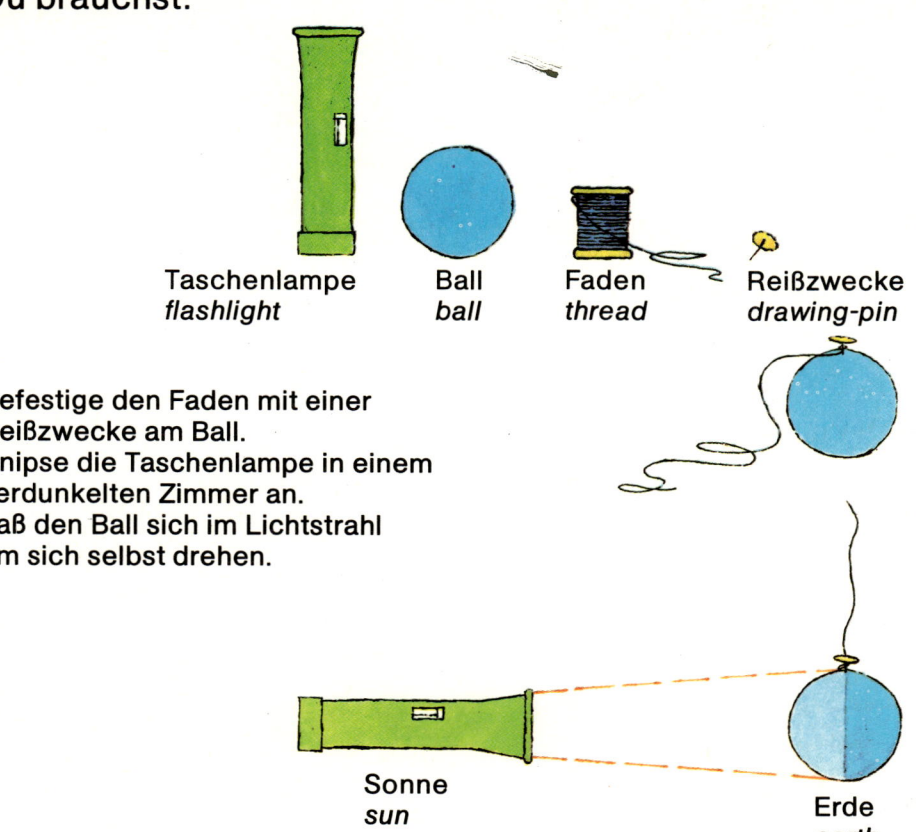

Taschenlampe — *flashlight*
Ball — *ball*
Faden — *thread*
Reißzwecke — *drawing-pin*

Befestige den Faden mit einer Reißzwecke am Ball.
Knipse die Taschenlampe in einem verdunkelten Zimmer an.
Laß den Ball sich im Lichtstrahl um sich selbst drehen.

Sonne — *sun*
Erde — *earth*

Wie viele Tage hat das Jahr?

Ein Jahr hat 365 Tage.
Alle vier Jahre ist ein Schaltjahr.
Das Schaltjahr hat 366 Tage.

Wie viele Tage haben die Monate?

Dreißig Tage haben der September,
der April, der Juni und der November.
Nur der Februar hat achtundzwanzig,
alle anderen Monate haben einunddreißig Tage.
Im Schaltjahr, da gibt's keine Frage,
hat der Februar neunundzwanzig Tage.

Frühling *spring*	Sommer *summer*	Herbst *autumn*	Winter *winter*
April – *April*	Mai – *May*	Juni – *June*
Oktober – *October*	November – *November*	Dezember – *December*

Ein Dach über dem Kopf

Holländische Häuser an einem Kanal

Nur wenige Leute leben noch in einem Schloß.

Ein Schweizer Chalet in den Bergen

Ein amerikanisches Indianerzelt in der Wüste

Ein Pfahlhaus auf Borneo

Die Nomaden ziehen mit ihrem Zelt von Ort zu Ort.

Ein Blockhaus in den Wäldern Kanadas

Ein Zigeunerwagen

Die Häuser in Nordafrika haben dicke Wände, damit es drinnen kühl bleibt.

Ein Eskimo-Iglu wird aus Schneeblöcken gebaut.

Dieser Mann hat keine Unterkunft.

Wolkenkratzer helfen in Großstädten Platz sparen.

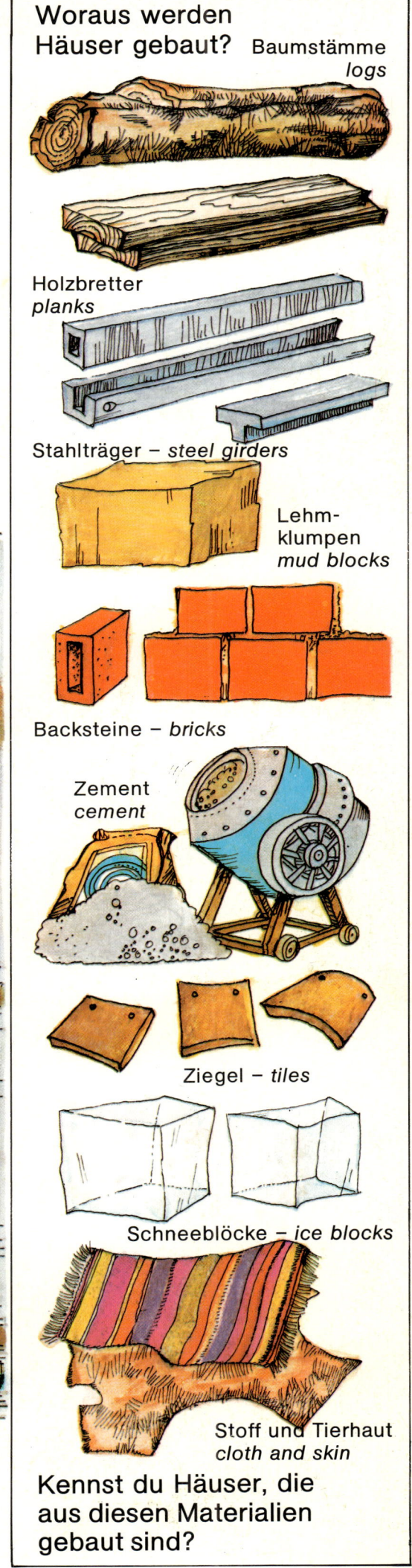

Woraus werden Häuser gebaut?

Baumstämme – *logs*

Holzbretter – *planks*

Stahlträger – *steel girders*

Lehmklumpen – *mud blocks*

Backsteine – *bricks*

Zement – *cement*

Ziegel – *tiles*

Schneeblöcke – *ice blocks*

Stoff und Tierhaut – *cloth and skin*

Kennst du Häuser, die aus diesen Materialien gebaut sind?

Stein auf Stein

Der Platz wird gesäubert und der Keller ausgehoben.

Der Architekt zeichnet den Grundriß des Hauses.

Das Fundament und die Wände werden gemauert.

Der Maurer fügt die Ziegel mit Mörtel aufeinander.

Das Dach wird gedeckt, und die Fensterrahmen werden eingesetzt.

Der Zimmermann zimmert das Dach, die Fensterrahmen, den Fußboden und die Treppen.

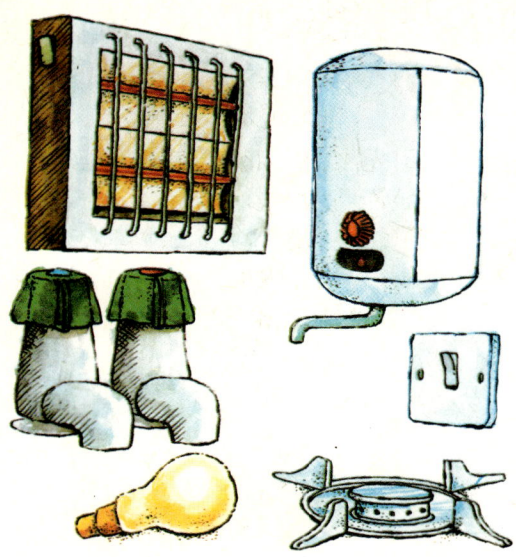

Wasser, Gas und elektrische Leitungen legen die Installateure und Elektriker.

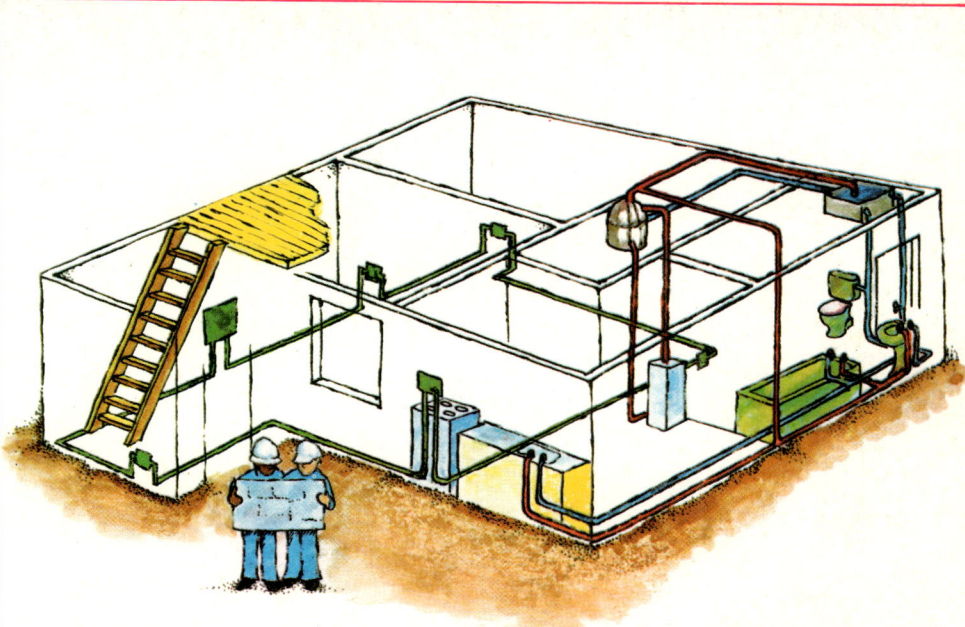

Wasser und Elektrizität werden ins Haus gelegt.

Die Maler benützen diese Werkzeuge.

Das Haus wird von innen und außen angestrichen.

Mit diesen Geräten bestellen wir den Garten.

Jetzt können die neuen Bewohner ins Haus einziehen, aber der Garten muß noch angelegt werden.

Viele bunte Kleider

Manche Menschen tragen bei der Arbeit besondere Kleider.

Trapper — *trapper*

Ballettänzerin — *ballet dancer*

Soldat — *soldier*

Taucher — *diver*

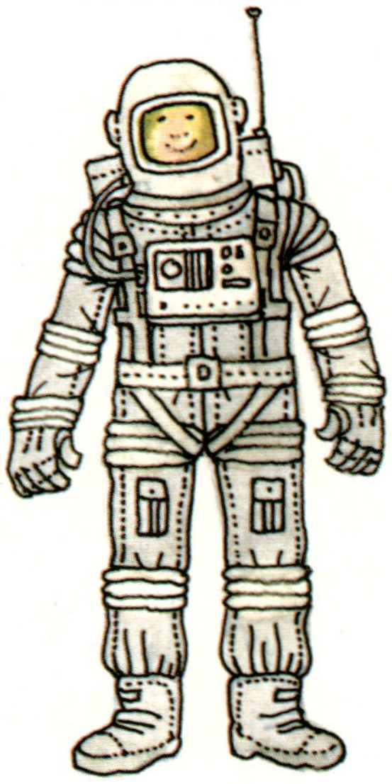

Astronaut — *astronaut*

Bergarbeiter — *miner*

Krankenschwester — *nurse*

Koch — *chef*

Hochseefischer — *fisherman*

Menschen in aller Welt

Eskimo — *Eskimo*

Österreicherin — *Austrian*

Burmese — *Burmese*

Russe — *Russian*

Japanerin
Japanese

Schotte
Scotsman

Marokkaner
Moroccan

Inderin
Indian

Grieche
Greek

Peruaner
Peruvian

Spanierin
Spaniard

Nigerianer
Nigerian

Mach dir selbst ein tolles Kostüm

Pirat
pirate

Kopftuch — Augenklappe aus Papier — hölzernes Schwert — Fernrohr aus Karton — in die Stiefel gesteckte Hosen

Prinzessin
princess

Krone aus Goldpapier — Glasperlenschmuck — langes Kleid mit Schleppe

Cowboy
cowboy

Halstuch — Weste — Sheriffstern — Gürtel mit Spielzeugpistole — Jeans — Stiefel — Lasso

Ganz verschiedene Tiere

Alle Tiere sind in zwei große Gruppen eingeteilt.
Tiere ohne Knochen gehören zur Gruppe der Wirbellosen Tiere.
Tiere mit Knochen gehören zu der Gruppe der Wirbeltiere.

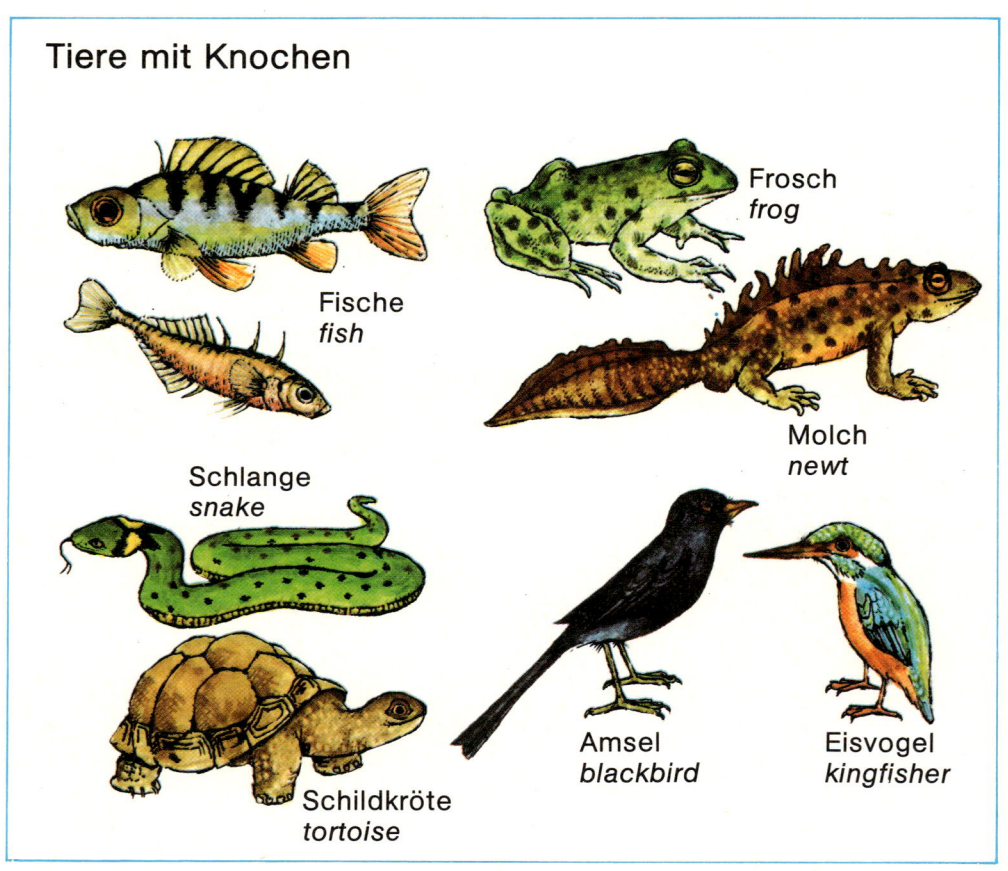

Tiere mit Knochen

Fische *fish* — Frosch *frog* — Molch *newt* — Schlange *snake* — Schildkröte *tortoise* — Amsel *blackbird* — Eisvogel *kingfisher*

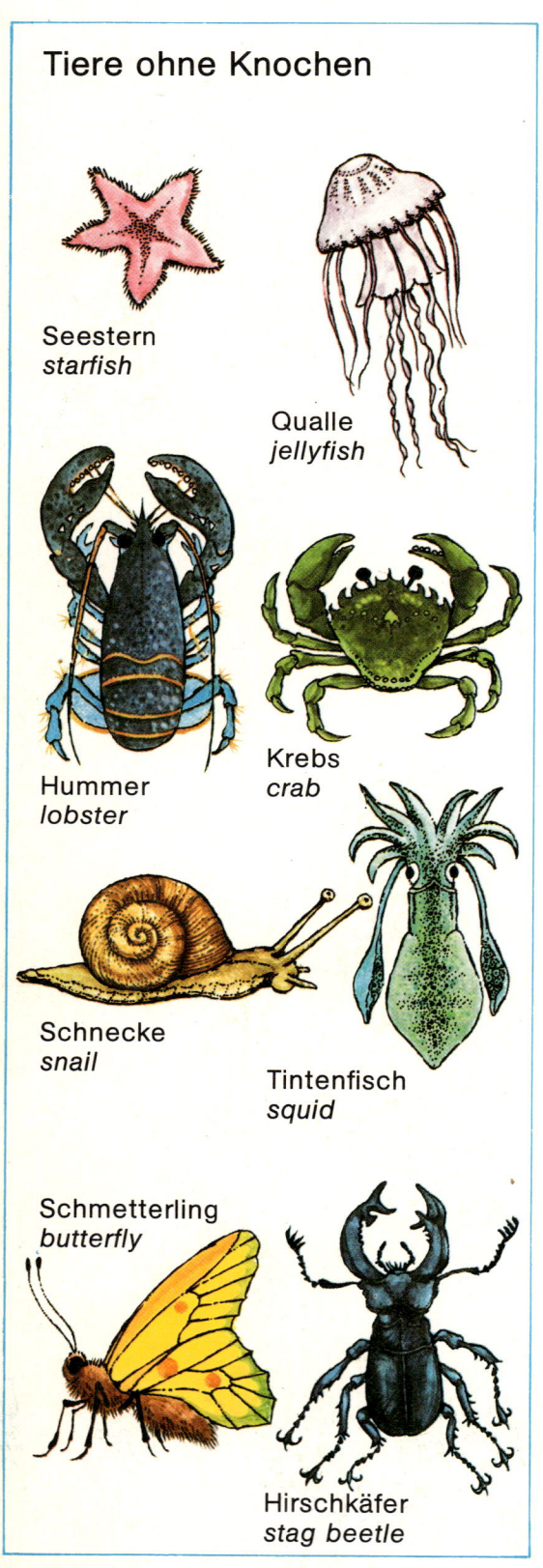

Tiere ohne Knochen

Seestern *starfish* — Qualle *jellyfish* — Hummer *lobster* — Krebs *crab* — Schnecke *snail* — Tintenfisch *squid* — Schmetterling *butterfly* — Hirschkäfer *stag beetle*

Säugetiere sind auch Wirbeltiere.
Sie säugen ihre Jungen mit Milch.

Säugetiere

Pandabär *panda* — Känguruh *kangaroo* — Maus *mouse* — Kaninchen *rabbit* — Igel *hedgehog*

Delphine sind Säugetiere, die im Wasser leben.

Fledermäuse sind fliegende Säugetiere.

In jeder Tiergruppe gibt es Tierfamilien.
Dies ist die Familie der Katzen.

Löwe *lion*
Leopard *leopard*
Tiger *tiger*
Panther *panther*
Wildkatze *wild cat*
Siamkatze *Siamese cat*
Puma *cougar*
Hauskatzen *pet cats*

Du gehörst zur selben Familie wie die Affen.

Schimpanse *chimpanzee*
Gorilla *gorilla*
Orang-Utan *orang-utan*
Junge *boy*
Gibbon *gibbon*
Mädchen *girl*

So wohnen die Tiere

Biber fällen Bäume und bauen aus Ästen ihre Burgen.
Sie bauen Dämme in den Fluß, um das Wasser zu stauen.

Vögel bauen Nester und legen ihre Eier hinein.

Amerikanisches Rotkehlchen
American robbin

Kolibri
hummingbird

Teichrohrsänger
reed-warbler

Kiebitz
lapwing

Einige Tiere halten Winterschlaf.

Haselmaus
dormouse

Kröte
toad

Schlange
snake

Schildkröte
tortoise

Kunterbunte Vogelwelt

- Flügel / *wing*
- Schnabel / *beak*
- Federn / *feathers*
- Fuß / *claw*
- Schwanz / *tail*
- Schwungfeder / *wing feather*

Der Falke ergreift seine Beute mit den Fängen.

Den Sperling gibt es am häufigsten.

Wilde Wellensittiche leben in Australien.

Die Krähe kann auf ihren Füßen gut stehen.

Die Stockente paddelt mit ihren Schwimmfüßen.

Vögel bauen verschiedenartige Nester.

- Webervogel / *weaver-bird*
- Schneidervogel / *tailor-bird*
- Elster / *magpie*

Wie ein Vogel geboren wird

- Luft / *air*
- Eiweiß / *white of egg*
- Schale / *shell*
- Eidotter / *yolk*

Während das Küken wächst, dient ihm das Eidotter als Nahrung.

Das Küken schlüpft aus.

Schwalben fliegen im Herbst in wärmere Gegenden.

Die Eule kann nachts mit ihren großen Augen gut sehen.

Die Elster stiehlt gerne glänzende Gegenstände.

Die Möwe angelt sich Fische aus dem Meer.

Der Reiher watet auf seinen langen Beinen durchs Wasser und fängt Fische.

Der Specht pickt Löcher in die Bäume und holt sich Würmer und Insekten heraus.

Der Lappentaucher trägt seine Jungen mit sich herum.

Der Kiwi kann nicht fliegen.

Während des Aufsteigens breitet er seine Flügel aus.

Wie ein Vogel fliegt

Er senkt seine Flügel und springt hoch.

Er schlägt seine Flügel nach unten, um sich zu erheben.

Kleine Wunder

20 kleine Tiere haben sich hier versteckt. Kannst du sie finden?

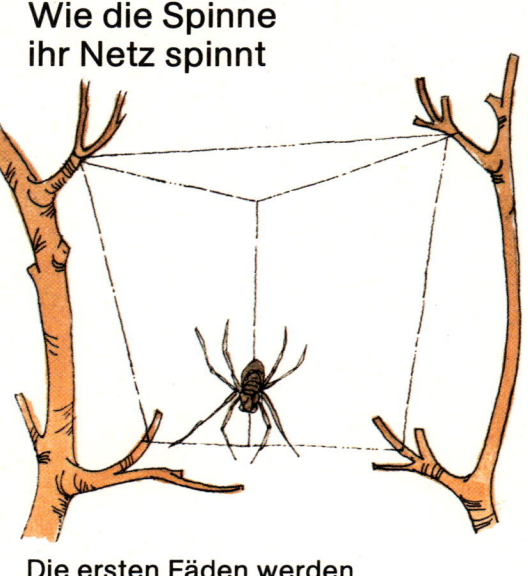

Wie die Spinne ihr Netz spinnt

Die ersten Fäden werden wie ein Rahmen gezogen.

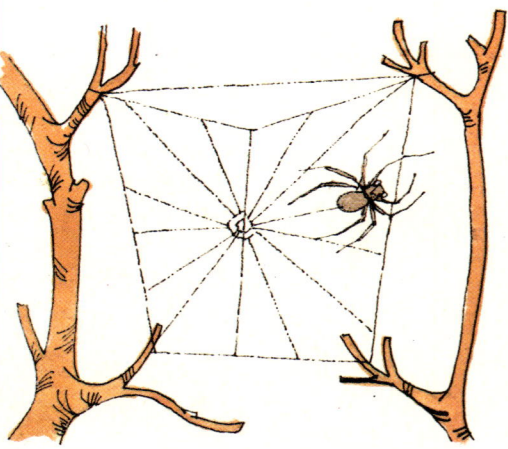

Dazwischen werden dann neue Fäden als Sprossen befestigt.

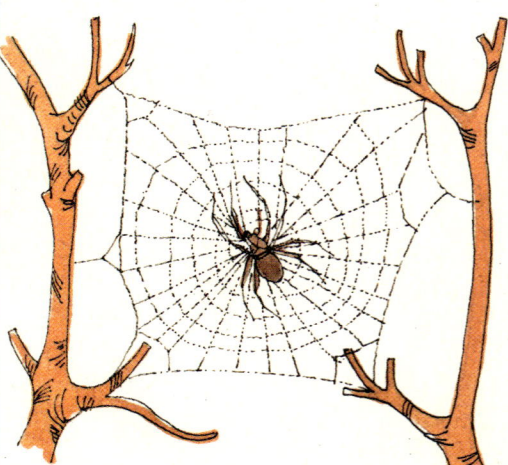

In der Mitte werden klebrige Fäden gesponnen, um Insekten zu fangen.

1 Libelle *dragonfly*
2 Motte *moth*
3 Schmetterling *butterfly*
4 Wespe *wasp*
5 Biene *bee*
6 Marienkäfer *ladybird*
7 Heuschrecke *grasshopper*
8 Bachmücke *daddy-long-legs*
9 Gespenstschrecke *stick insect*
10 Raupe *caterpillar*
11 Spinne *spider*
12 Fliege *fly*
13 Schnecke *snail*
14 Ameise *ant*
15 Eidechse *lizard*
16 Frosch *frog*
17 Hirschkäfer *stag beetle*
18 Wegschnecke *slug*
19 Tausendfüßler *centipede*
20 Ohrwurm *earwig*

Wie ein Schmetterling entsteht

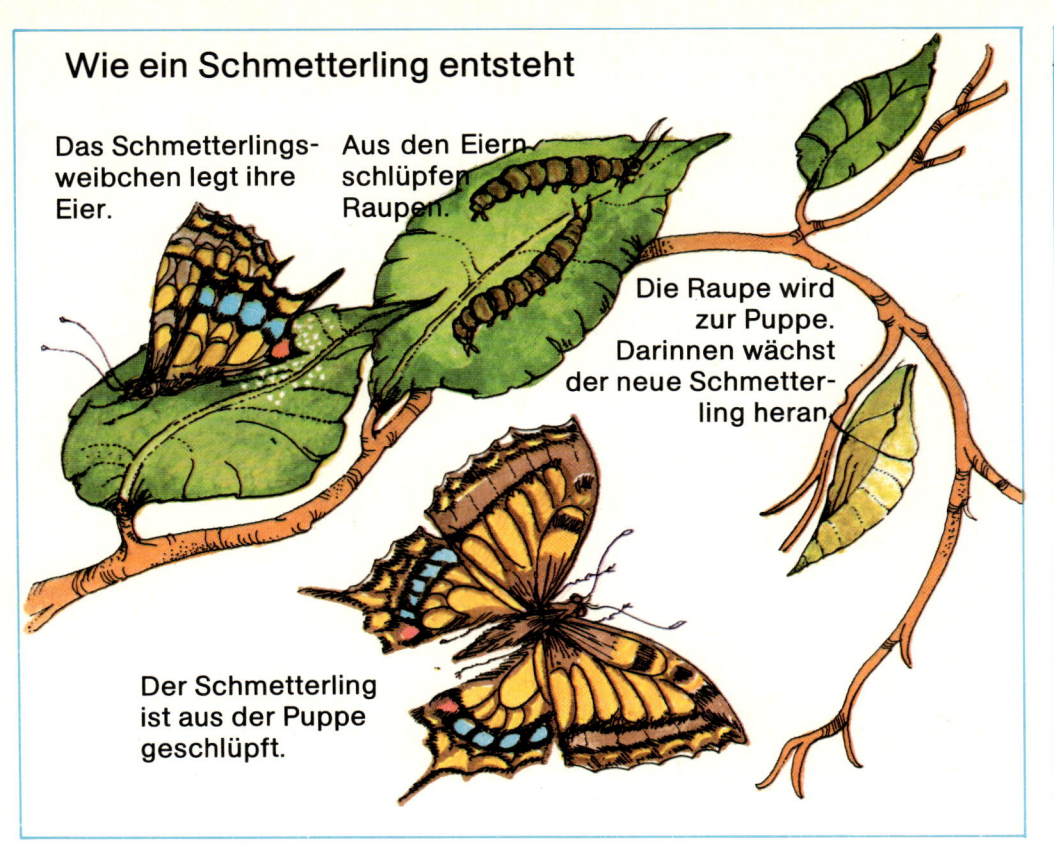

Das Schmetterlingsweibchen legt ihre Eier.

Aus den Eiern schlüpfen Raupen.

Die Raupe wird zur Puppe. Darinnen wächst der neue Schmetterling heran.

Der Schmetterling ist aus der Puppe geschlüpft.

Regenwürmer bei der Arbeit

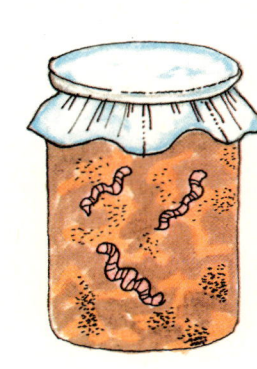

Fülle ein Glas mit feuchter Erde und setze ein paar Regenwürmer hinein. Verschließe das Glas eine Woche lang mit festem Papier. Nun kannst du sehen, wie die Würmer den Boden umgraben.

Das Leben in einem Ameisenhaufen

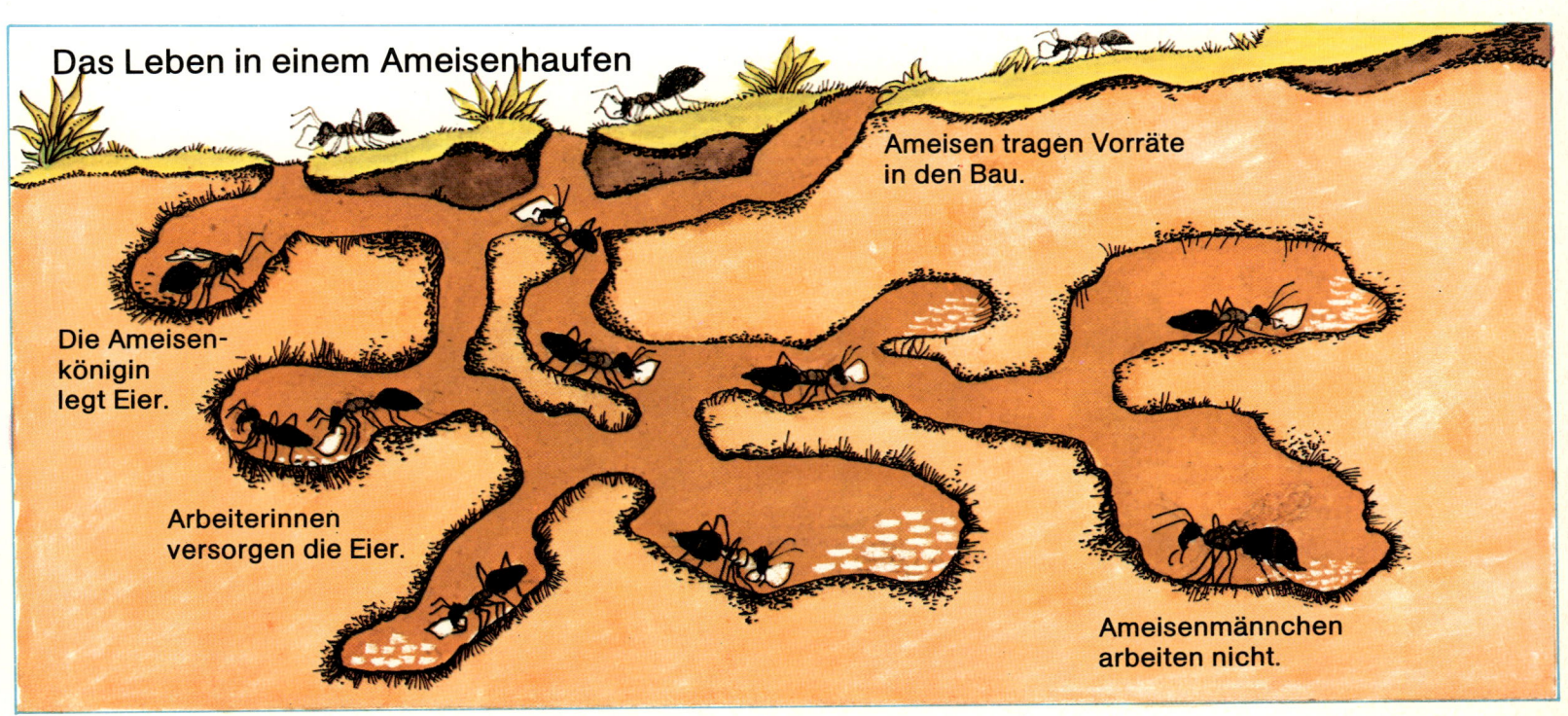

Ameisen tragen Vorräte in den Bau.

Die Ameisenkönigin legt Eier.

Arbeiterinnen versorgen die Eier.

Ameisenmännchen arbeiten nicht.

Wie ein Frosch entsteht

Kaulquappen schlüpfen aus Eiern, die Laich genannt werden.

Aus der Kaulquappe ist ein Frosch geworden.

Zuerst wachsen die Hinterbeine.

Dann wachsen die Vorderbeine. Der Schwanz schrumpft.

Merkwürdige Tiere

Wenn ein Skunk angegriffen wird, verbreitet er einen unerträglichen Gestank.

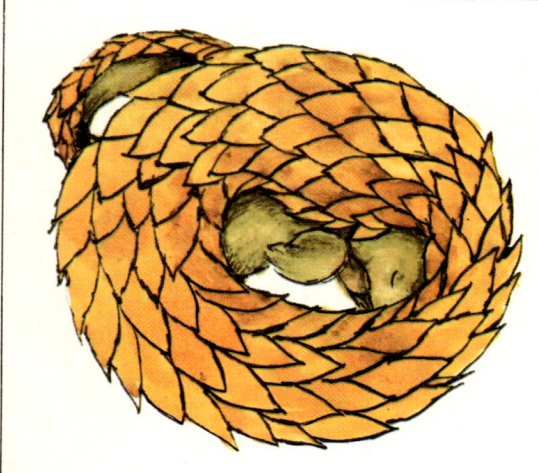

Ein Schuppentier kann sich wie ein Ball zusammenrollen oder mit seinem Schwanz kopfüber an einen Ast hängen.

Der Pfau schlägt mit dem Schwanz ein Rad, um seiner Henne zu gefallen.

Das Faultier frißt, schläft und bewegt sich mit dem Kopf nach unten.

Der Kugelfisch bläst sich auf, um seine Feinde zu erschrecken.

Der Blauwal ist das größte Tier der Welt.

Fremdartige Tiere in Australien

Dieser Vogel ahmt alle Geräusche täuschend nach.

Die Känguruhmutter trägt ihr Baby in einer Bauchtasche mit sich herum.

Wenn eine Eidechse am Schwanz gepackt wird, kann sie ihn abwerfen und fliehen. Der neue Schwanz wächst bald nach.

Dieser Vogel mit dem bunten Schnabel legt seine Eier in verlassene Kaninchenlöcher.

29

Unsere Hundefreunde

Es gibt viele verschiedene Hunderassen.
Sie wurden von den Menschen für verschiedene
Zwecke gezüchtet.

Arbeitshunde
working dogs

| Boxer | Deutscher Schäferhund | Corgi | Collie | Altenglischer Schäferhund |
| *Boxer* | *Alsatian* | *Corgi* | *Collie* | *Old English Sheep Dog* |

Jagdhunde
gun dogs

| Labrador | Springer-Spaniel | Irischer Wasserspaniel | Pointer | Irischer Setter |
| *Labrador* | *Springer Spaniel* | *Irish Water Spaniel* | *Pointer* | *Irish Setter* |

Wie du für deinen Hund sorgst

1 Gib ihm regelmäßig zu fressen und zu saufen.

2 Geh mit ihm jeden Tag spazieren.

3 Bürste ihn sorgfältig und halte ihn sauber.

4 Bringe ihm bei, daß er tut, was du willst.

5 Hab ihn lieb.

Tiere bei der Arbeit

Tiere helfen uns auf ganz verschiedene Weise.
Sie tragen oder ziehen schwere Lasten.
Sie geben uns Nahrungsmittel und Wolle,
aus der wir Kleidungsstücke machen können.
Sie arbeiten bei der Polizei, im Zirkus
und auf dem Bauernhof.

Diese Tiere geben uns etwas.

Schafe geben Wolle.

Diese Tiere tragen oder ziehen schwere Lasten.

Ochsen
oxen

Esel
donkey

Lama
llama

Hühner legen Eier.

Kamel
camel

Elefant
elephant

Kühe geben Milch
und Yaks auch.

Schlittenhunde – *huskies*

Diese Tiere machen sich auf andere Weise nützlich.

Dieser Hund führt einen Blinden.

Die Robbe bringt uns im Zirkus zum Lachen.

Die Katze fängt Mäuse.

Dieser Hund bewacht das Haus seines Herrn.

Warum das Kamel in der Wüste leben und arbeiten kann

Seine langen Wimpern schützen die Augen vor Sand.

In seinen Höckern speichert es einen Fettvorrat.

Es kann stachelige Wüstengewächse fressen.

Es kann für drei Tage im voraus trinken.

Mit seinen breiten Füßen kann es mühelos über Sandboden gehen.

Auch Pferde arbeiten für uns. Es gibt verschiedene Pferderassen.

Palomino
Palomino

Clydesdale
Clydesdale

Araber
Arab

Percheron
Percheron

Shetland-Pony
Shetland pony

33

Unten im Meer

Krebs / crab
Plattfisch / flat fish
Einsiedlerkrebs / hermit crab
Seestern / starfish
Seeigel / sea urchin

Im Meer gibt es Berge, Täler und Ebenen.

Festland / land
Insel / island
Klippe / cliff
Ufer / shore
Berg / mountain
Ebene / plain
Spalt / chasm
Tal / valley

Ebbe und Flut
Zweimal am Tag steigt das Meer, und zweimal am Tag läuft es wieder ab.

Flut / high tide
Ebbe / low tide

Boote und Schiffe

Manche Boote werden gerudert.

Einbaum
dugout canoe

Griechische Trireme
Greek trireme

Eskimo-Kajak
Eskimo kayak

Italienische Gondel
Italian gondola

Ruderboot
rowing boat

Manche Schiffe nützen den Wind aus.

Galleone
galleon

Clipper
clipper

Yacht
yacht

Chinesische Dschunke
Chinese junk

Wie ein Einbaum gebaut wird

Mit der Axt wird ein Loch in den Baumstamm geschlagen.

Das Loch wird tief ausgebrannt.

Die Bootsform wird herausgearbeitet.

Die Innenseite wird geglättet und ein Sitz befestigt.

Diese Schiffe haben Maschinen.

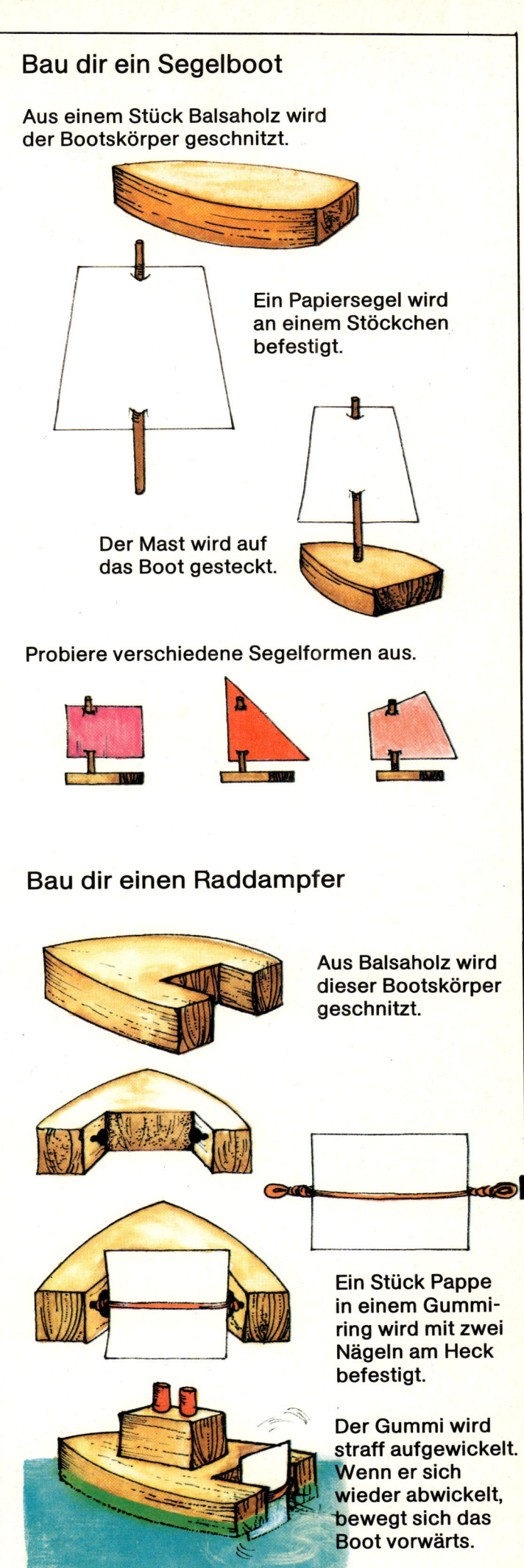

Raddampfer
paddle steamer

Ozeandampfer
liner

Schlepper
tug

Motorboot
motor boat

Frachtschiff
cargo ship

Tanker
tanker

U-Boot
submarine

Bau dir ein Segelboot

Aus einem Stück Balsaholz wird der Bootskörper geschnitzt.

Ein Papiersegel wird an einem Stöckchen befestigt.

Der Mast wird auf das Boot gesteckt.

Probiere verschiedene Segelformen aus.

Bau dir einen Raddampfer

Aus Balsaholz wird dieser Bootskörper geschnitzt.

Ein Stück Pappe in einem Gummiring wird mit zwei Nägeln am Heck befestigt.

Der Gummi wird straff aufgewickelt. Wenn er sich wieder abwickelt, bewegt sich das Boot vorwärts.

37

Ein großer Dampfer

Auf einem Schiff ist viel los.
Es befördert Menschen und Fracht über das Meer.
Das Schiff hat Maschinen, die es durchs Wasser treiben.

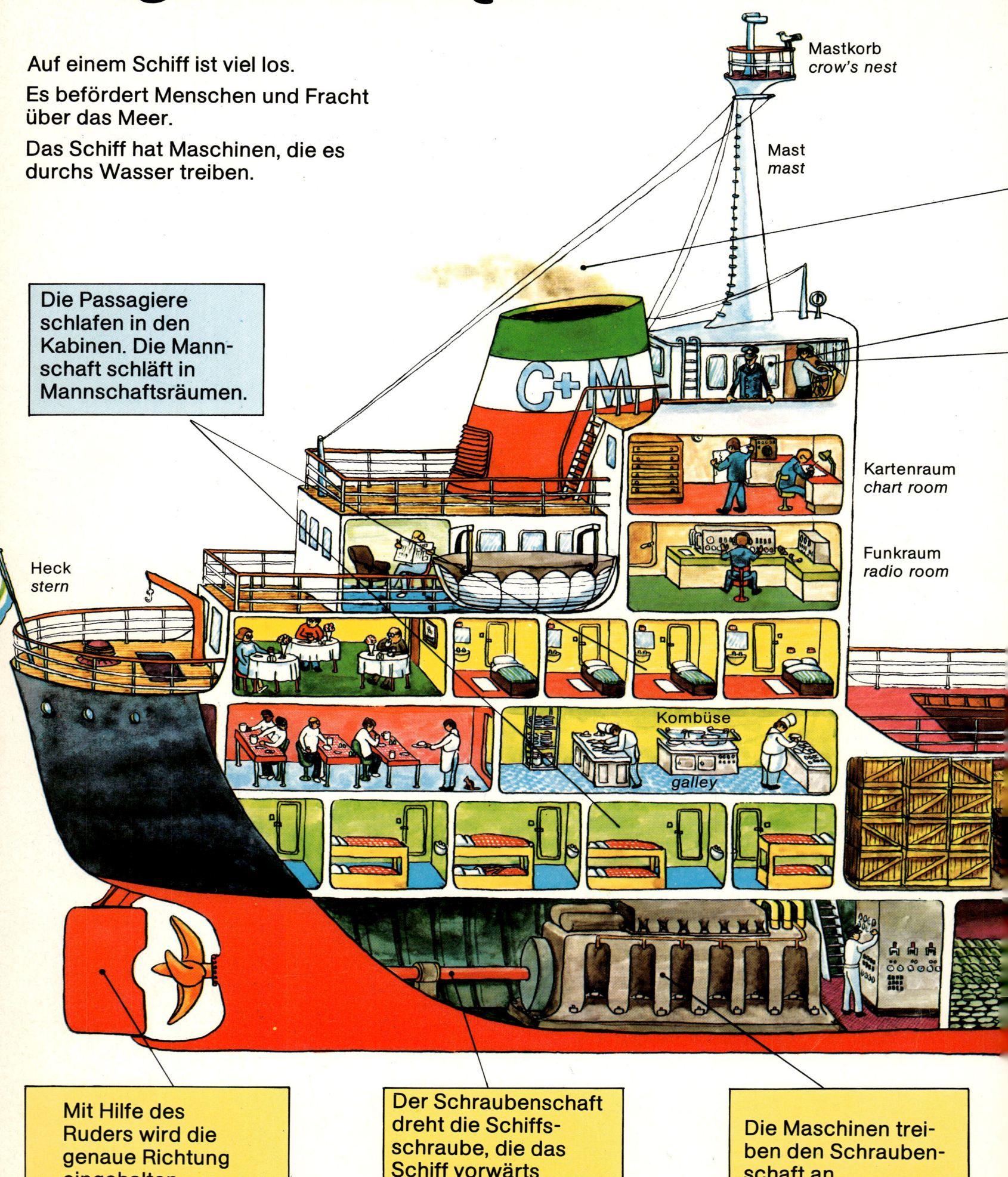

Die Passagiere schlafen in den Kabinen. Die Mannschaft schläft in Mannschaftsräumen.

Mit Hilfe des Ruders wird die genaue Richtung eingehalten.

Der Schraubenschaft dreht die Schiffsschraube, die das Schiff vorwärts bewegt.

Die Maschinen treiben den Schraubenschaft an.

Mastkorb — crow's nest
Mast — mast
Kartenraum — chart room
Funkraum — radio room
Kombüse — galley
Heck — stern

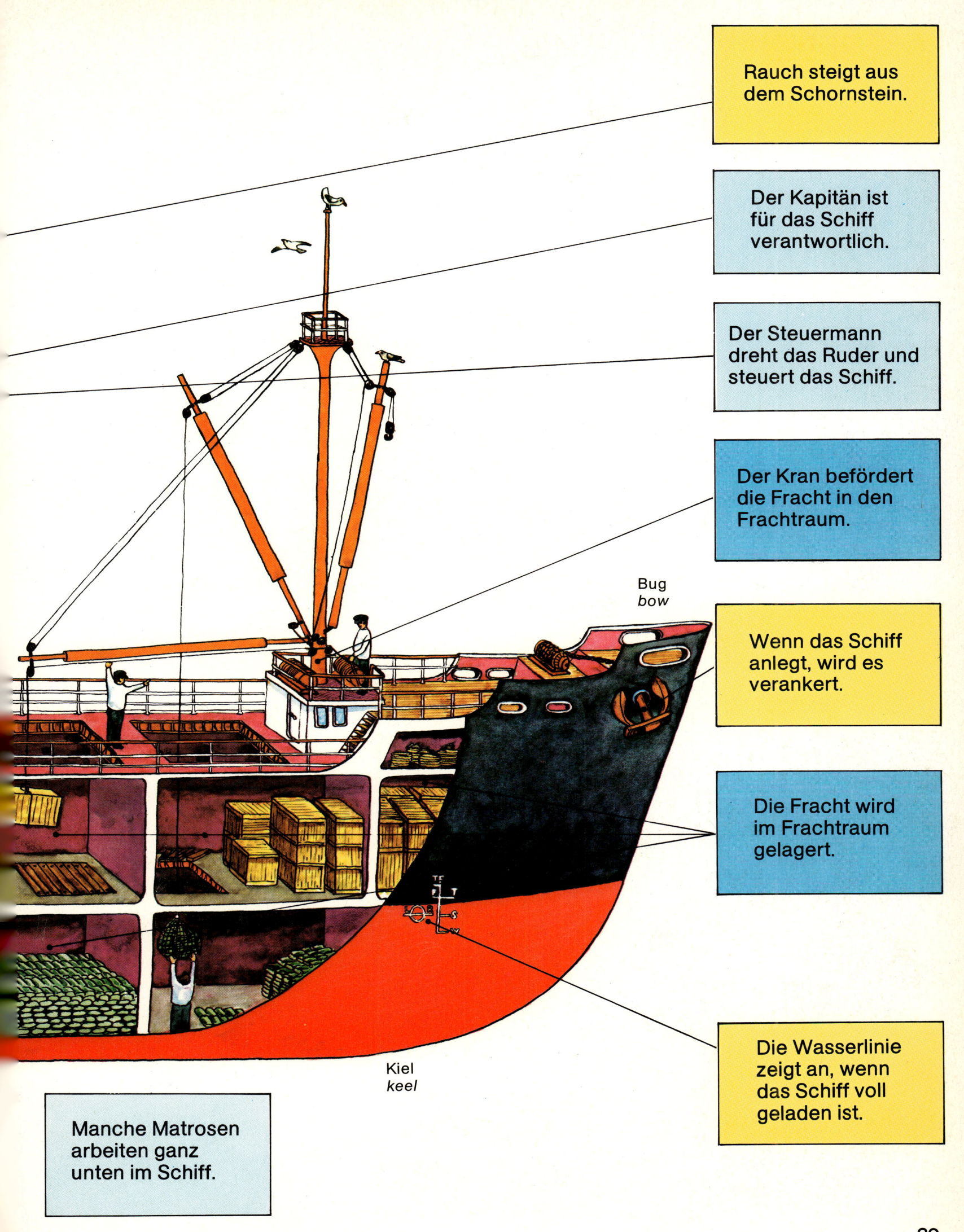

Rauch steigt aus dem Schornstein.

Der Kapitän ist für das Schiff verantwortlich.

Der Steuermann dreht das Ruder und steuert das Schiff.

Der Kran befördert die Fracht in den Frachtraum.

Bug
bow

Wenn das Schiff anlegt, wird es verankert.

Die Fracht wird im Frachtraum gelagert.

Die Wasserlinie zeigt an, wenn das Schiff voll geladen ist.

Kiel
keel

Manche Matrosen arbeiten ganz unten im Schiff.

Oben in der Luft

Wie ein Papierflieger gemacht wird

1 Falte ein Stück Papier in der Mitte.

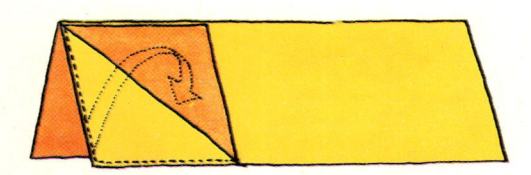

2 Falte die Ecken links vorne und hinten nach oben.

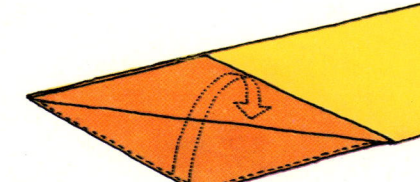

3 Falte beide Seiten bis zum Mittelknick nach oben.

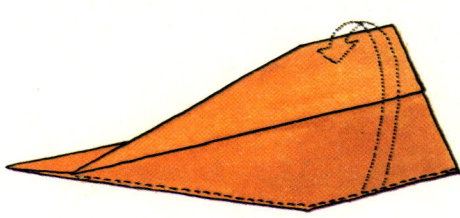

4 Und noch einmal nach unten.

5 Laß deinen Gleiter fliegen.

Wie ein Papierpropeller gemacht wird

Du brauchst ein quadratisches Stück Papier.

Schneide es von allen vier Ecken aus bis zur Mitte ein.

Schlage die Punkte 1, 2, 3 und 4 nach hinten und stecke das Windrad an einem Stab fest.

Du kannst es auch als Propeller an einem Flugzeug befestigen.

Ballon mit Düsenantrieb

Blas einen Ballon auf.

Laß ihn los und schau, wie er davonfliegt.

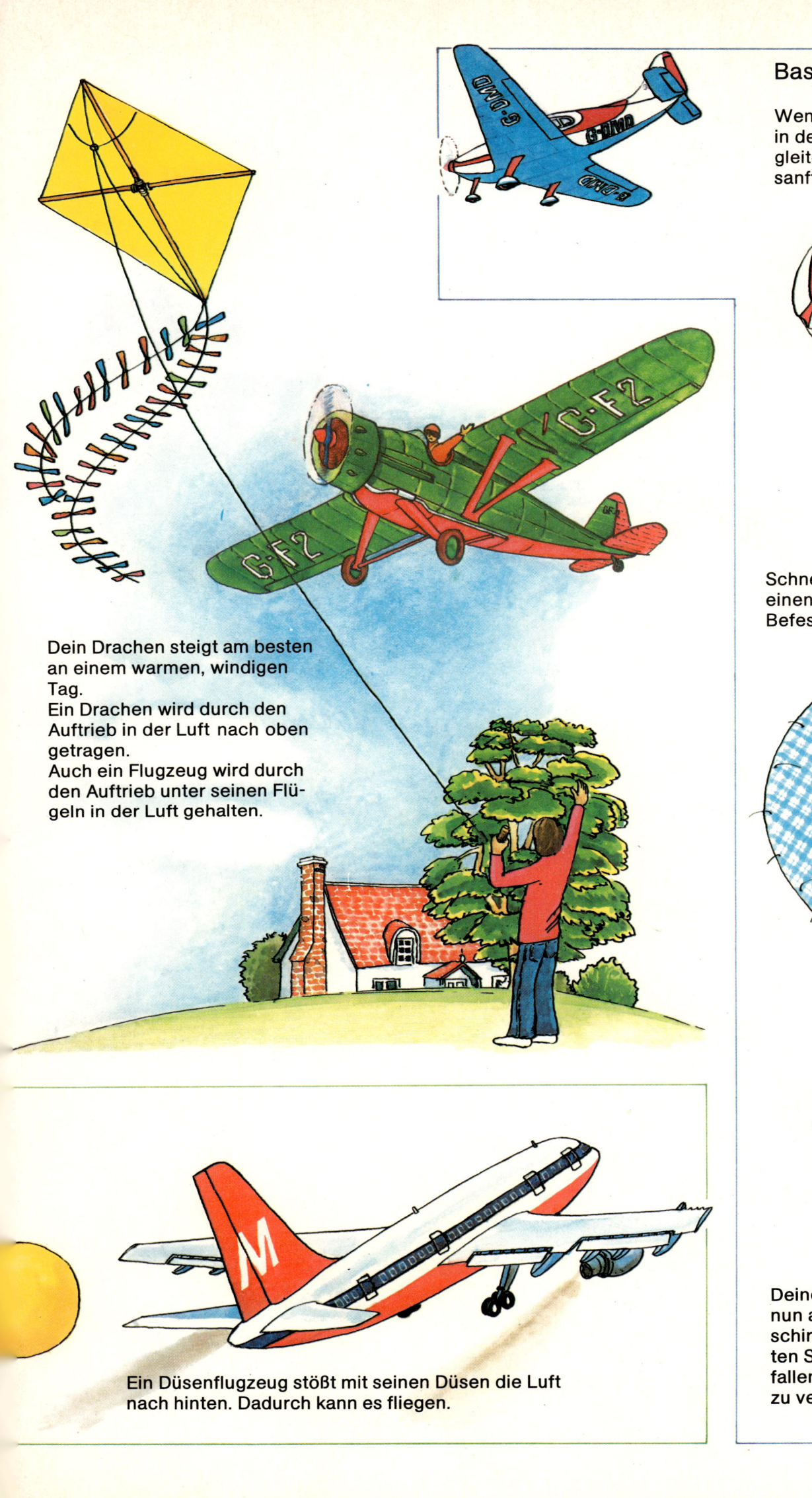

Dein Drachen steigt am besten an einem warmen, windigen Tag.
Ein Drachen wird durch den Auftrieb in der Luft nach oben getragen.
Auch ein Flugzeug wird durch den Auftrieb unter seinen Flügeln in der Luft gehalten.

Ein Düsenflugzeug stößt mit seinen Düsen die Luft nach hinten. Dadurch kann es fliegen.

Bastle einen Fallschirm

Wenn ein Pilot sein Flugzeug in der Luft verlassen muß, gleitet er mit seinem Fallschirm sanft zur Erde.

Schneide aus Stoff einen großen Kreis aus. Befestige Fäden ringsum.

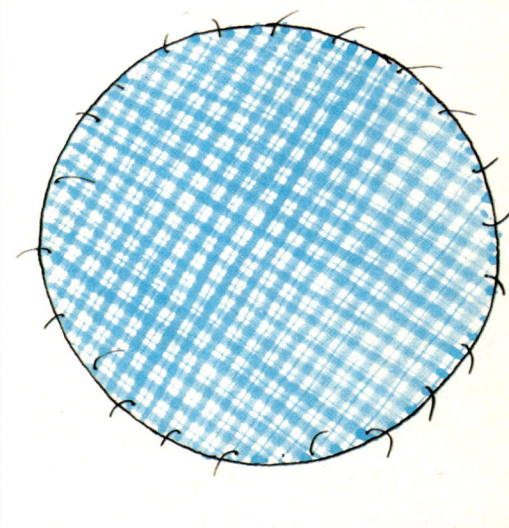

Deine Puppe kann nun an ihrem Fallschirm vom zweiten Stock hinunterfallen, ohne sich zu verletzen.

41

Von einem Ort zum andern

Auf der Straße

Wir können zu Fuß gehen.   Auf Fahrrädern kommen wir rascher vorwärts.   Liefer- und Lastwagen fahren noch schneller.

Auf dem Wasser

Yacht
yacht

Ruderboot
rowing boat

Auf Schienen

Straßenbahnen fahren auf Schienen durch die Stadt.

Die Schwebebahn hängt an ihren Schienen.

Eisenbahnen fahren auf Schienen durch das Land.

Die Schienen der Untergrundbahn führen tief in der Erde durch lange Tunnels.

Am Ziel

Wo kommst du mit den verschiedenen Transportmitteln am Ende einer Reise an?

Flughafen
airport

Autos, Busse und Motorräder fahren am schnellsten.

In der Luft

Düsenflugzeug
jet plane

Hubschrauber
helicopter

Heißluftballon
hot air balloon

Ozeandampfer
passenger liner

Busbahnhof
bus depot

Bahnhof
station

Hafen
harbour

So wachsen die Pflanzen

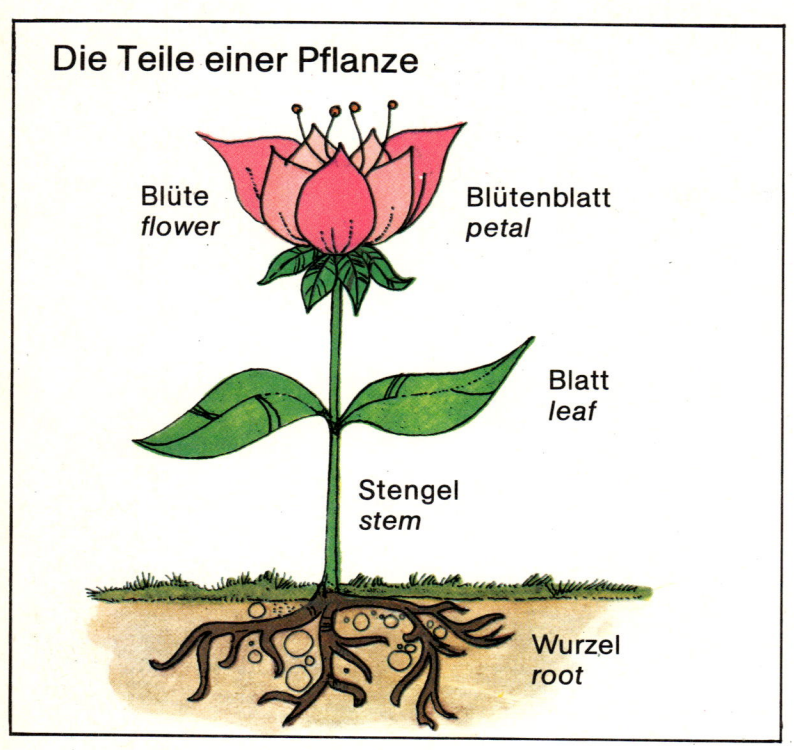

Die Teile einer Pflanze

Blüte *flower*
Blütenblatt *petal*
Blatt *leaf*
Stengel *stem*
Wurzel *root*

Wie sich Samen verbreiten

Der Wind bläst sie fort.

Insekten und Tiere tragen sie fort.

Sie fallen auf die Erde.

Vögel tragen sie weg.

Was brauchen die Pflanzen, um zu gedeihen?

Sonnenlicht *light*
Wärme *warmth*
Wasser *water*
Erde *soil*

Wir beobachten, wie ein Samen wächst.

Der Samen wird in die Erde gesteckt.

Er bricht auf.

Kleine Wurzeln kommen hervor.

Der Trieb stößt durch die Erde nach oben.

Blätter beginnen zu treiben.

Kennst du diese Blumen?

- Mohn — *poppy*
- Löwenzahn — *dandelion*
- Eisenkraut — *vervain*
- Rose — *rose*
- Wicke — *sweet pea*
- Gänseblümchen — *daisy*

Jeder Baum hat andere Blätter.

- Eiche — *oak*
- Kiefer — *Scots pine*
- Kastanie — *horse chestnut*
- Weide — *willow*

So verändert sich ein Baum in einem Jahr.

- Frühling — *spring*
- Sommer — *summer*
- Herbst — *autumn*
- Winter — *winter*

Wir lassen Gemüse austreiben.

Schneide von Gemüseknollen ein Stück unten ab.

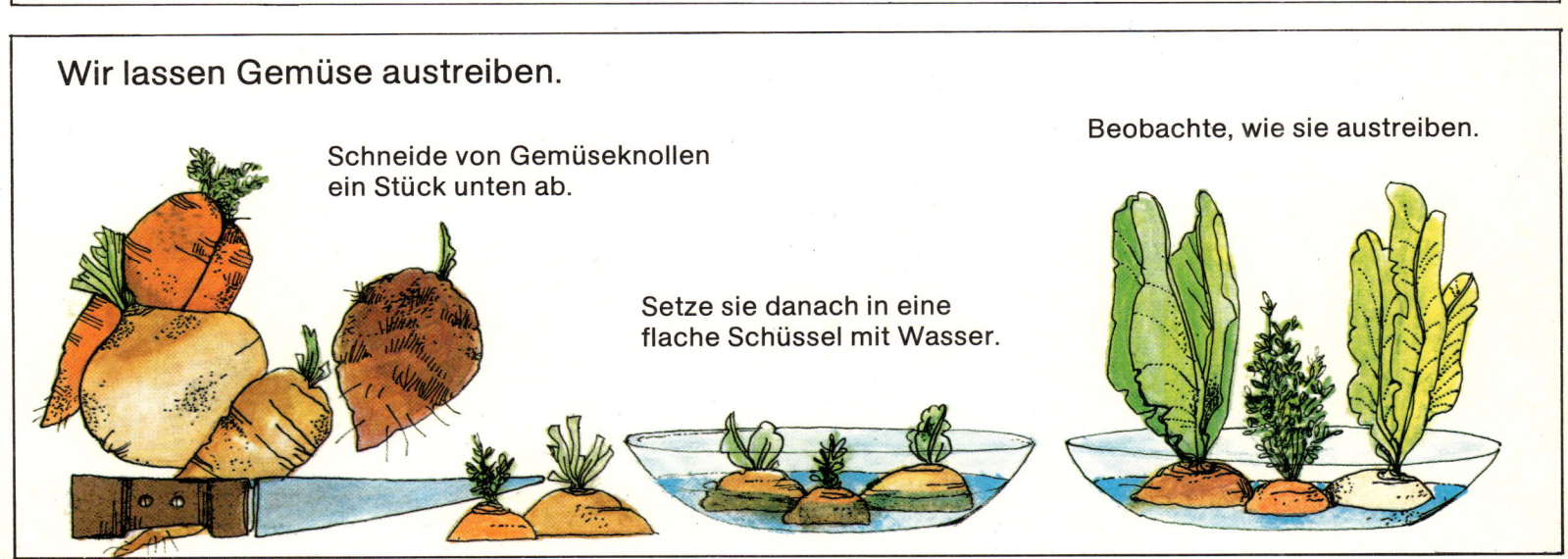

Setze sie danach in eine flache Schüssel mit Wasser.

Beobachte, wie sie austreiben.

Samen, Knospen, Früchte

Es gibt verschiedene Arten von Samen.

Erdbeere
strawberry

Tomate
tomato

Bohne
bean

Mohn
poppy

Eichel
acorn

Löwenzahn
dandelion

Stechpalme
holly

Kieferzapfen
pine cone

Bienen tragen den Blütenstaub oder Pollen von Blüte zu Blüte.
So werden die Blumen befruchtet.

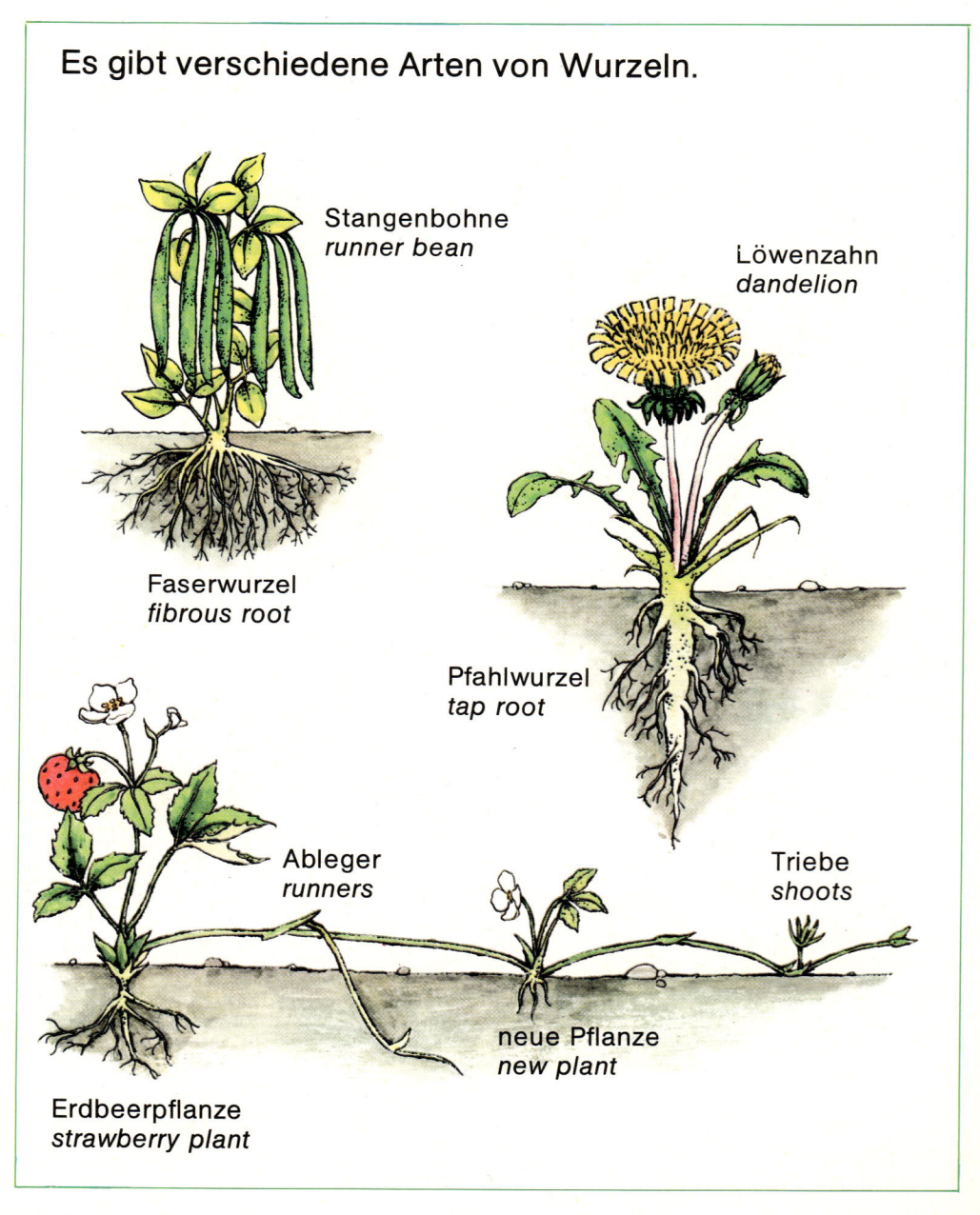

Es gibt verschiedene Arten von Wurzeln.

Stangenbohne
runner bean

Löwenzahn
dandelion

Faserwurzel
fibrous root

Pfahlwurzel
tap root

Ableger
runners

Triebe
shoots

neue Pflanze
new plant

Erdbeerpflanze
strawberry plant

Schneide im Frühling einen Zweig mit Knospen ab. Stell ihn ins Wasser und beobachte, wie er aufblüht.

Viele Blätter wechseln im Herbst ihre Farbe. Immergrüne Blätter wechseln die Farbe nicht.

Ulme *elm*

Esche *ash*

Ahorn *maple*

Eiche *oak*

Kastanie *chestnut*

So wächst aus einer Zwiebel eine Pflanze.

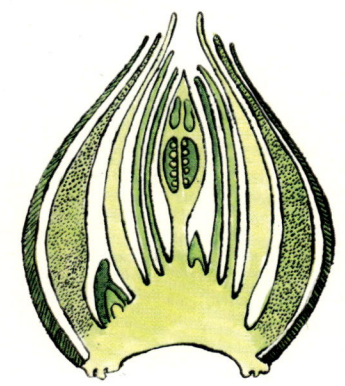

In der Zwiebel bereitet sich die Pflanze aufs Wachsen vor.

Pflanze die Blumenzwiebel in einen Topf mit Erde. Stell ihn an einen dunklen Platz und warte, bis sich die ersten Blätter zeigen.

An einem sonnigen Fensterplatz wird die Pflanze bald zu blühen beginnen.

Nützliche Pflanzen

Teile einer Pflanze

Blüte *flower*
Frucht *fruit*
Blatt *leaf*
Stengel *stem*
Wurzel *root*

Wir verwenden diese Blätter.

Salat *lettuce*
Tee *tea*
Rosenkohl *Brussels sprouts*
Petersilie *parsley*
Tabak *tobacco*

Wir essen diese Wurzeln und Knollen.

Karotte *carrot*
Rote Rübe *beetroot*
Kartoffeln *potatoes*
Ingwer *ginger*

Wir freuen uns über die Blüten. Aus manchen wird Parfüm hergestellt.

48

Aus dem Holz der Bäume werden Möbel gemacht.

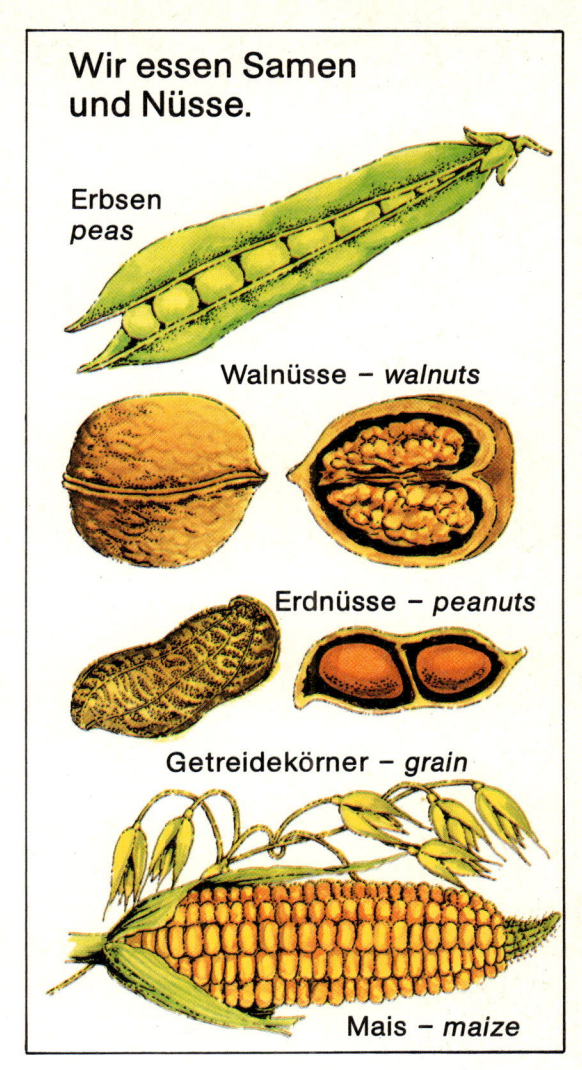

Zuckerrohr *sugar cane*

Stangensellerie *celery*

Wir verwenden diese Stengel.

Wir essen Samen und Nüsse.

Erbsen *peas*

Walnüsse – *walnuts*

Erdnüsse – *peanuts*

Getreidekörner – *grain*

Mais – *maize*

Wir essen diese Früchte.

Banane *banana*

Orange *orange*

Tomate *tomato*

Apfel *apple*

Trauben – *grapes*

Zitrone *lemon*

Kirschen *cherries*

Wir ernten diese Beeren.

Kaffee *coffee*

Erdbeeren *strawberries*

Schwarze Johannisbeeren – *black currants*

Was tun die Bauern?

Überall auf der Erde gibt es Bauern, aber ihre Arbeit ist ganz verschieden.

Weizenfarmer in Kanada

Weinbauer in Frankreich

Zuckerrohr-Farmer auf Jamaica

Schaf-Farmer in Australien

Reisbauer in China

Tulpenzüchter in Holland

Maschinen, die die Bauern brauchen

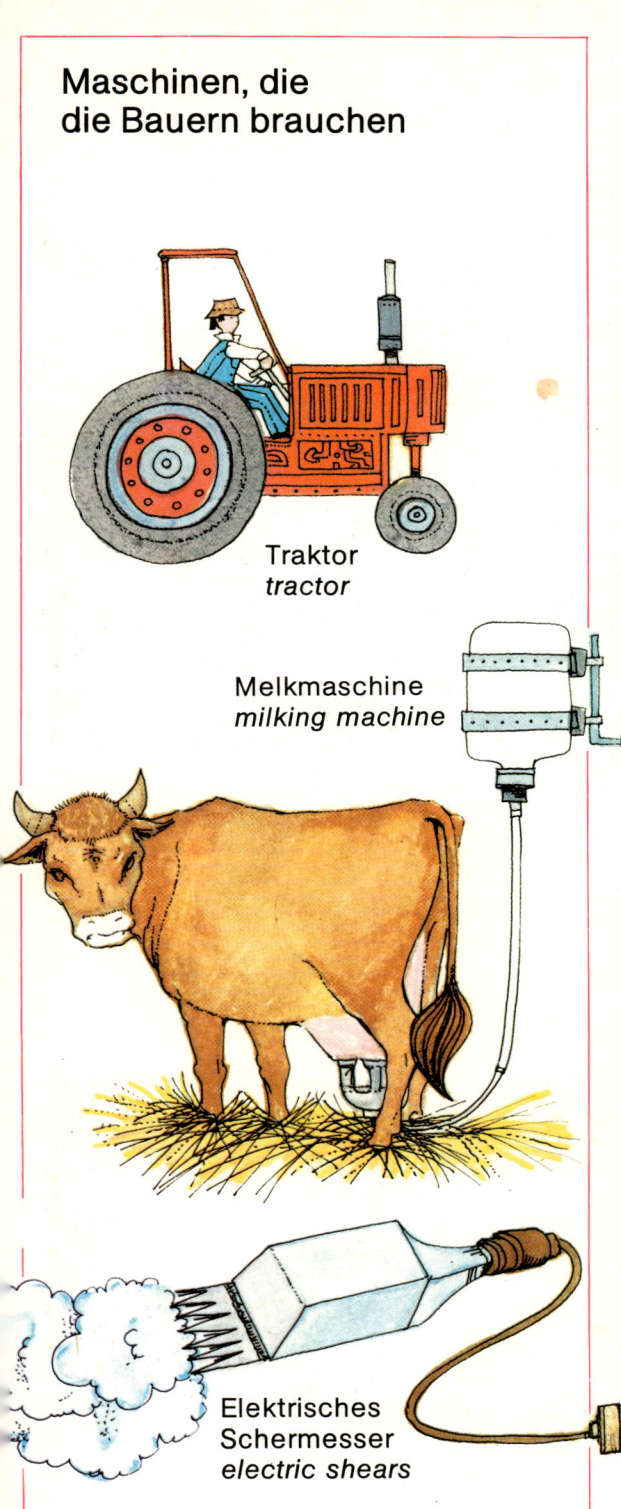

Traktor
tractor

Melkmaschine
milking machine

Elektrisches Schermesser
electric shears

Mähdrescher
combine harvester

Wie Weizen angebaut wird

Die Saatkörner werden auf das gepflügte Feld gestreut.

Die aufgehende Saat wird gegen Schädlinge bestäubt.

Der Weizen wird geerntet.

51

Essen, Trinken, Futter und Beute

Kühe geben uns:
Joghurt *yoghurt*
Milch – *milk*
Butter – *butter*
Käse *cheese*
Fleisch – *meat*
Eiscreme *icecream*

Getreide brauchen wir für:
Brot *bread*
Kuchenteig *pastry*
Torte *cake*
Brötchen *buns*
Kekse *biscuits*
Getreideflocken – *cereals*

Aus Früchten und Gemüse bereiten wir:
Suppen *soup*
Salat *salad*
Marmelade *jam*
Aufläufe – *pies*
Gemüseeintöpfe *vegetables*
Fruchtsalat *fruit salad*

Hühner, Enten und Gänse geben uns:
Eier *eggs*
Fleisch *meat*
Suppen – *soup*

Wer frißt was?

Diese Tiere sind Fleischfresser.

Löwe — *lion*
Adler — *eagle*
Krokodil — *crocodile*
Katze — *cat*
Hering — *herring*
Fuchs — *fox*
Bär — *bear*

Diese Tiere sind Pflanzenfresser.

Springbock — *oryx*
Nashorn — *rhinoceros*
Affe — *monkey*
Panda — *panda*

Was eine Eule in einem Jahr frißt:

2000 Mäuse — *mice*
450 Ratten — *rats*
400 Vögel — *birds*
100 Frösche — *frogs*
250 Würmer — *worms*
150 Schnecken — *snails*

Mach dir ein paar Zuckermäuse

225 Gramm Puderzucker sieben.
1 Teelöffel Traubenzucker in 1 Eßlöffel heißem Wasser auflösen.
Den Puderzucker langsam mit der Wasserlösung vermischen.
Die Mischung kneten, damit sie geschmeidig bleibt.
Zuckermäuse mit Fadenschwänzen formen.

Aus aller Welt frisch auf den Tisch

Nordamerika
North America

Südamerika
South America

Eier
eggs

Hammelfleisch
mutton

Rindfleisch
beef

Schweinefleisch
pork

Olivenöl
olive oil

Pflanzenöl
vegetable oil

Getreideflocken
cereals

Fisch
fish

Margarine
margarine

Mehl
flour

Zuckerrohr
sugar cane

Europa
Europe

Asien
Asia

Afrika
Africa

Australien
Australia

Äpfel *apples*

Gewürze *spices*

Kokosnüsse *coconuts*

Kaffee *coffee*

Reis *rice*

Ananas *pineapples*

Tee *tea*

Butter *butter*

Grapefruit *grapefruit*

Aprikosen *apricots*

Zitronen – *lemons*

Tomaten *tomatoes*

Honig *honey*

Feigen *figs*

Datteln *dates*

Bananen *bananas*

Trauben *grapes*

Orangen *oranges*

55

So arbeitet der Körper

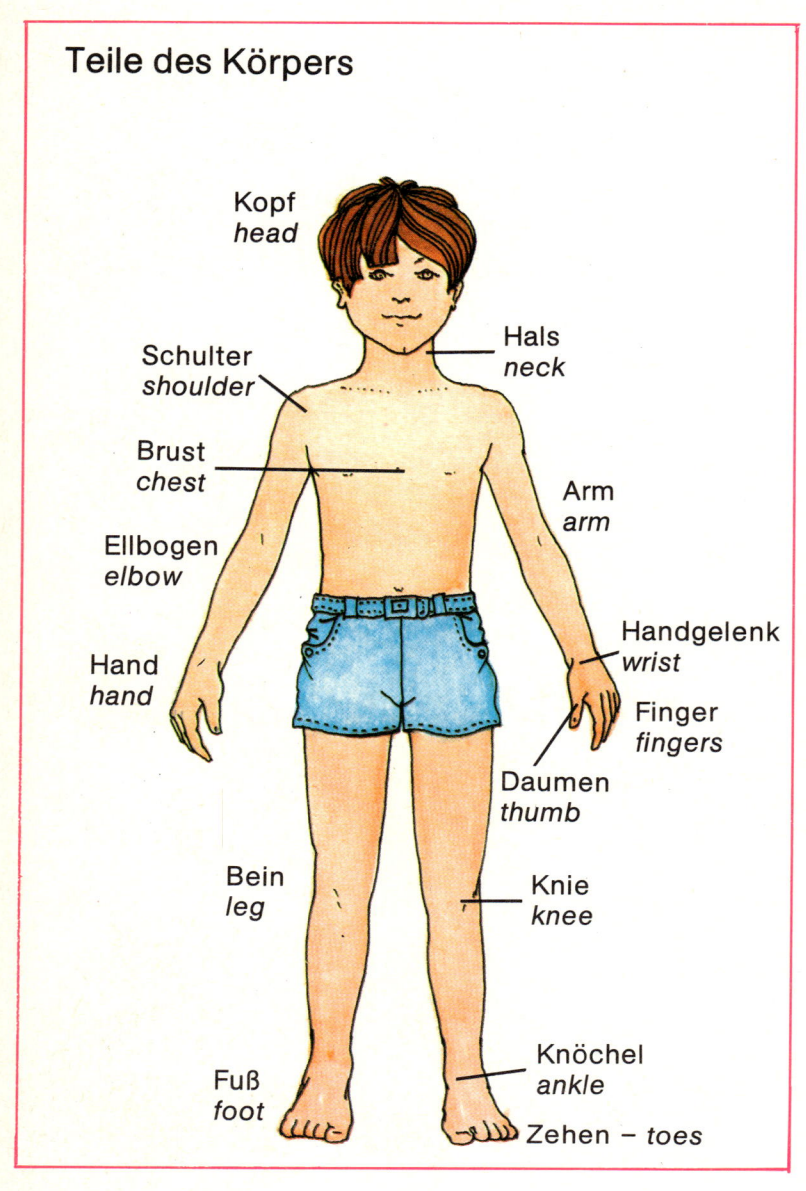

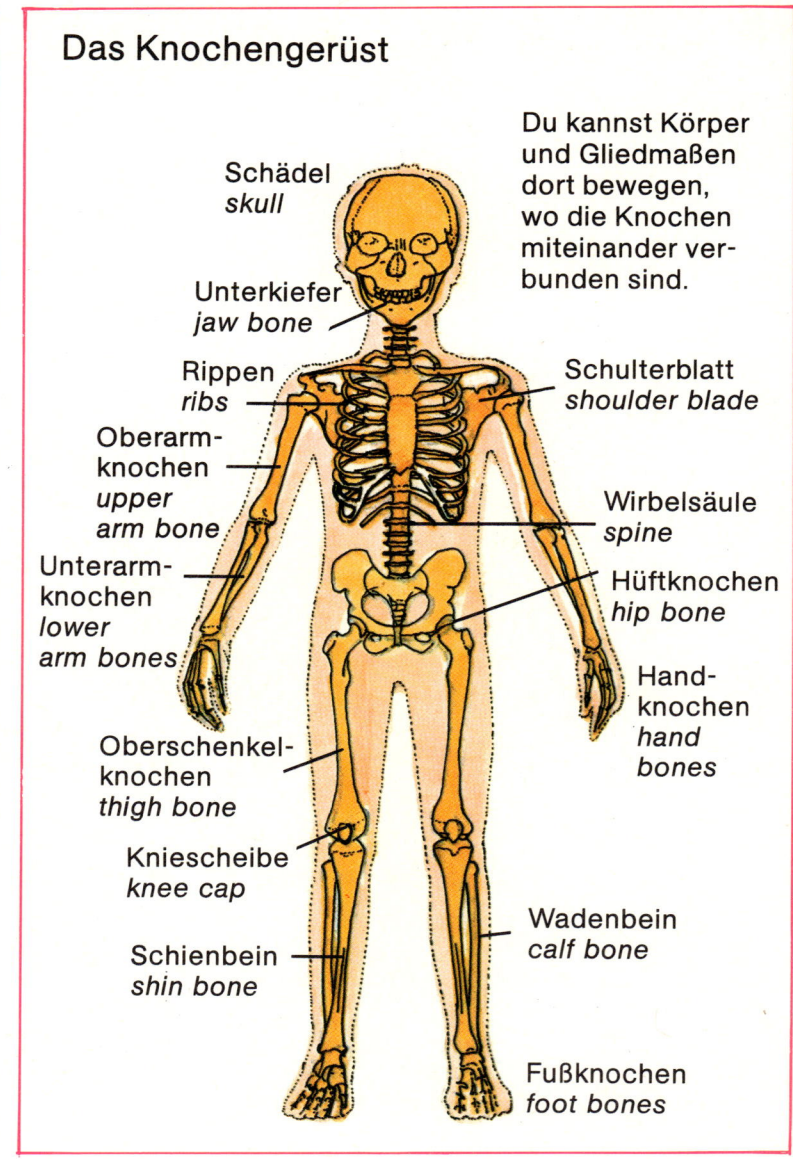

Teile des Körpers

- Kopf — head
- Schulter — shoulder
- Hals — neck
- Brust — chest
- Arm — arm
- Ellbogen — elbow
- Handgelenk — wrist
- Hand — hand
- Finger — fingers
- Daumen — thumb
- Bein — leg
- Knie — knee
- Fuß — foot
- Knöchel — ankle
- Zehen – toes

Das Knochengerüst

Du kannst Körper und Gliedmaßen dort bewegen, wo die Knochen miteinander verbunden sind.

- Schädel — skull
- Unterkiefer — jaw bone
- Rippen — ribs
- Schulterblatt — shoulder blade
- Oberarmknochen — upper arm bone
- Wirbelsäule — spine
- Unterarmknochen — lower arm bones
- Hüftknochen — hip bone
- Handknochen — hand bones
- Oberschenkelknochen — thigh bone
- Kniescheibe — knee cap
- Wadenbein — calf bone
- Schienbein — shin bone
- Fußknochen — foot bones

Mit deinen fünf Sinnen erlebst du die Umwelt.

Sehen sight

Hören hearing

Riechen smell

In welcher Entfernung kannst du deine Uhr noch ticken hören?

Versuche, mit geschlossenen Augen zu gehen.

Versuche, mit geschlossenen Augen die Dinge an ihrem Geruch zu erkennen.

Das Innere deines Körpers

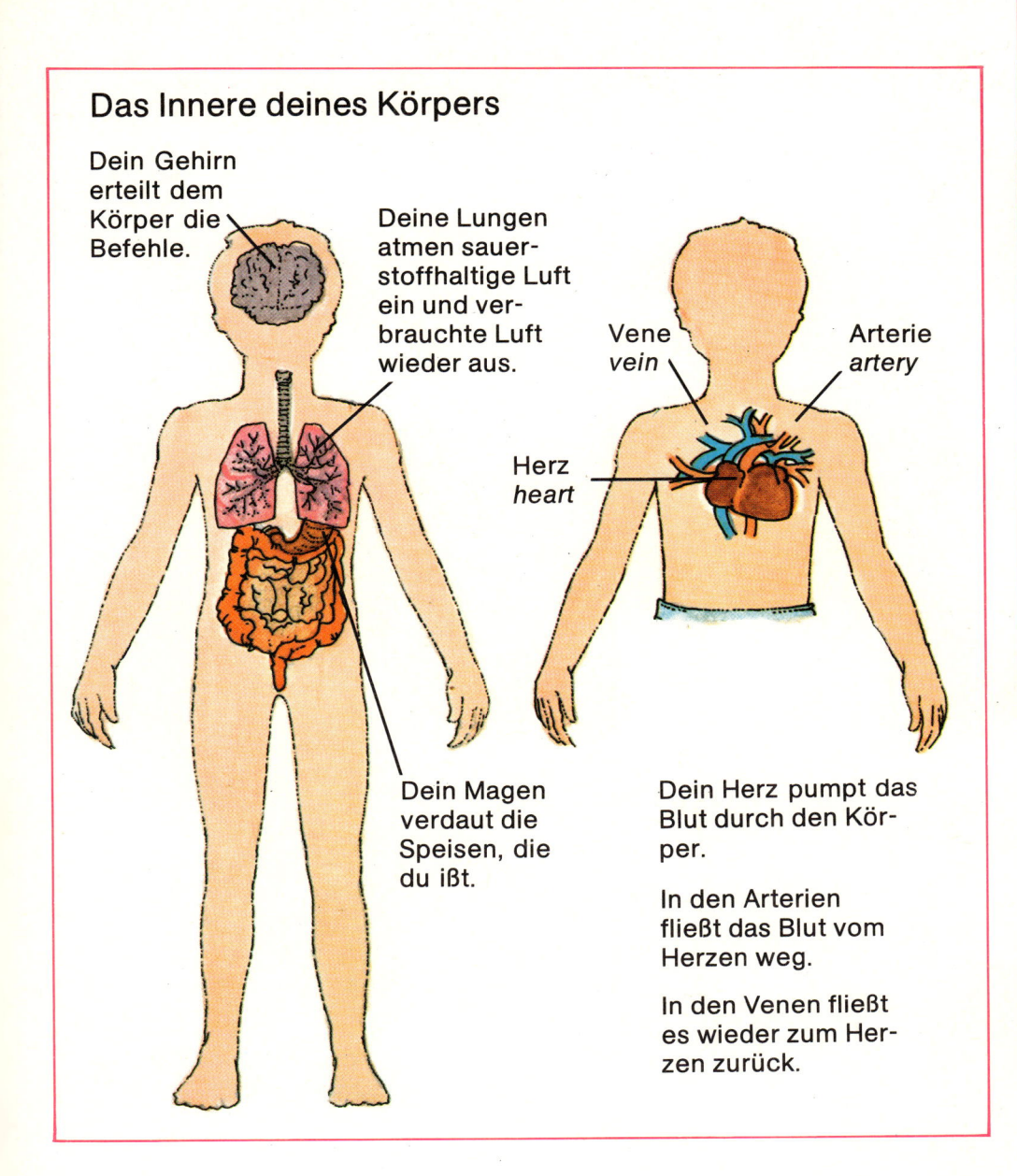

Dein Gehirn erteilt dem Körper die Befehle.

Deine Lungen atmen sauerstoffhaltige Luft ein und verbrauchte Luft wieder aus.

Vene
vein

Arterie
artery

Herz
heart

Dein Magen verdaut die Speisen, die du ißt.

Dein Herz pumpt das Blut durch den Körper.

In den Arterien fließt das Blut vom Herzen weg.

In den Venen fließt es wieder zum Herzen zurück.

Was du brauchst, um gesund zu bleiben

Du brauchst viel Schlaf.

Diese Nahrungsmittel sind gut für dich.

Du brauchst frische Luft und Bewegung.

Tasten
touch

Schmecken
taste

In einer Tüte sind sechs Sachen. Errate sie durch Tasten.

Schmecke mit geschlossenen Augen nacheinander Salz und Zucker.

57

Töne und Geräusche

Horche auf die Geräusche rings um dich.
Manche sind laut, manche sind leise.

Die Menschen sprechen viele verschiedene Sprachen.

Guten Tag

Hello

Bonjour

Jambo

Buon giorno

こんにちは

أهلاً وسهلاً

Wir machen Geräusche …

um jemanden zu warnen

um Menschen zusammenzurufen

Bastle dir Sachen zum Krachmachen

Schellenstock
Flaschenverschlüsse *bottle tops*
Nägel *nails*

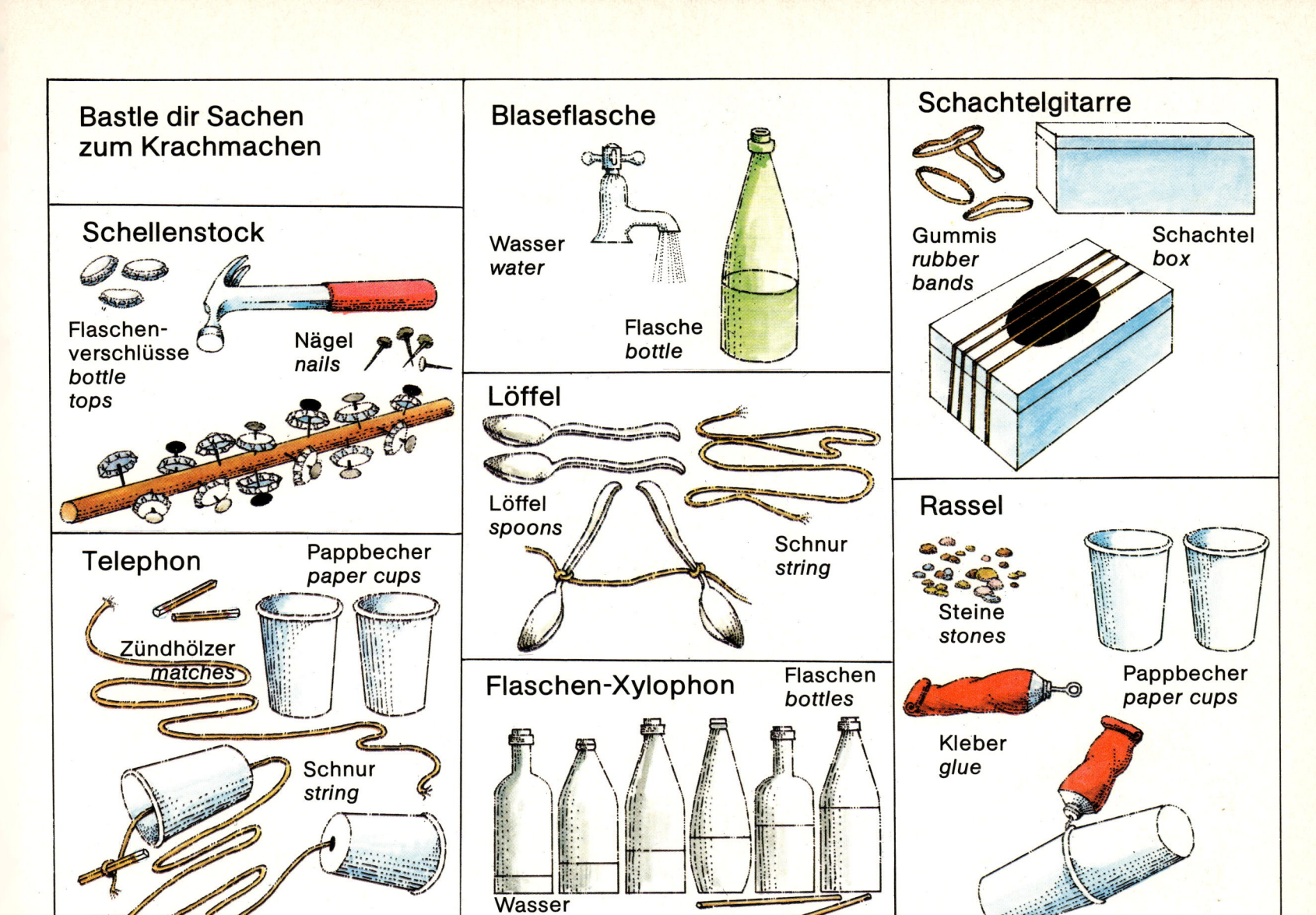

Telephon
Pappbecher *paper cups*
Zündhölzer *matches*
Schnur *string*

Blaseflasche
Wasser *water*
Flasche *bottle*

Löffel
Löffel *spoons*
Schnur *string*

Flaschen-Xylophon
Flaschen *bottles*
Wasser *water*
Stöcke – *sticks*

Schachtelgitarre
Gummis *rubber bands*
Schachtel *box*

Rassel
Steine *stones*
Pappbecher *paper cups*
Kleber *glue*

---

wenn wir miteinander sprechen

wenn wir musizieren

wenn wir uns melden

Weißt du das?

Wie heißen diese Dinge? Wenn du es nicht weißt, kannst du im Buch nachsehen. Die Zahlen geben dir die Seiten an, auf denen du die Antworten findest.

Beantworte die folgenden Fragen. Die Zahlen geben dir die Seiten an, auf denen du nachschlagen kannst.

Woraus wird Parfüm gemacht? (48)
Was brauchst du, um gesund zu bleiben? (57)
Was geben uns Hühner? (52)
Was machen Kröten im Winter? (22)
Womit baut ein Eskimo sein Haus? (15)

Was fressen Eulen? (53)
Zu welcher Tierfamilie gehört der Tiger? (21)
Wie heißt die Wohnung des Bibers? (22)
Was macht ein Architekt? (16)
Was speichert das Kamel in seinen Höckern? (33)

Bilder-Quiz

In jedem Kasten ist ein Bild, das nicht zu den andern gehört. Finde es heraus!

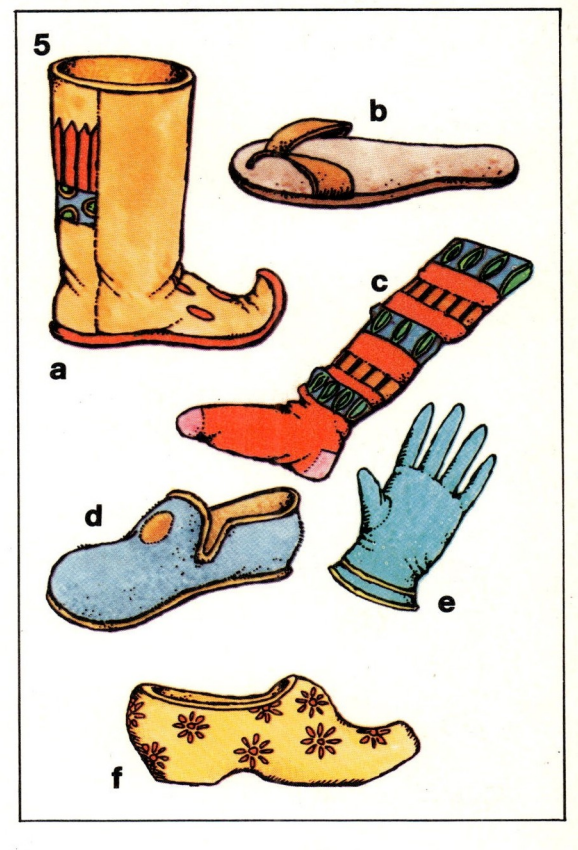

Hier sind die Antworten:

1c Die Mohnblume ist kein Gemüse.
2e Der Igel lebt auf dem Land, nicht im Meer.
3c Das Unterseeboot fährt unter Wasser, nicht auf dem Wasser.
4b Der Schmetterling ist ein Insekt, kein Vogel.
5e Den Handschuh trägt man an der Hand, nicht am Fuß.
6c Der Hund gehört nicht zur Katzenfamilie.

Kamel / *camel*

Fischerboot / *fishing boat*

Iglu / *igloo*

Indianer / *American Indian*

Gemüse / *vegetables*

Spinne / *spider*

Frosch / *frog*

Weizen / *wheat*

Diese Bilder gehören zusammen:

Kamel und Wüste
Fischerboot und Fischer
Iglu und Eskimo
Zigeunerin und Wohnwagen
Schmetterling und Raupe

Wohnwagen / *caravan*

Raupe / *caterpillar*

Salatschüs[sel]

Kuh / *cow*

Astronaut / *astronaut*

Nest / *nest*